JOSÉ MARÍA ARIAS

COMORAS

Las islas de las mil y una noches

Título: *Comoras. Las islas de las mil y una noches*

Primera edición: noviembre de 2024.

© José María Arias Pérez, 2024

© Fotografías: José María Arias Pérez, 2006

I. S. B. N: 978-84129104-2-1

Depósito legal: SA-682-2024

Ediciones Tantín
C/ Camilo Alonso Vega, 10. 39007 Santander
edicionestantin@edicionestantin.com
www. edicionestantin.com

Impreso en España - Printed in Spain

La civilización es sólo salvajismo con una capa de plata para despistar.
Henry Rider Haggard

Correr por ahí no crea sabios.
Aforismo africano, siglo XIX

Semper aliquid novi Africam adferre.
Proverbio griego citado por Plinio el Viejo (siglo I, d.C.)

Para la chica de la mariposa

Cher Alí[1],

Le temps passe plus vite que nous ne l'imaginons parfois, et quand je regarde en arrière, des souvenirs impérissables me reviennent. Je suis très heureux de vous avoir rencontré et d'avoir bénéficié de votre hospitalité. C'est agréable de connaître les Comores sous la perspective de son peuple chevaleresque, non pas à la manière de Don Quichotte, ce chevalier errant d'Espagne, mais comme un connaisseur des mots avec lesquels ils dépeignent le caractère de votre terre.

Je sais que vous ne recevez pas ces nouvelles comme autrefois. D'abord c'était par téléphone, maintenant c'est à travers ce livre. Mais sachez que je vous remémore toujours avec une agréable fraîcheur. Je souhaite que la vie continue à vous offrir ce que vous désirez, que vous trouviez le chemin du bonheur et que ce soit toujours le meilleure chemin.

C'est le récit des jours lointains où je jouissais d'un monde différent et où j'évoque les moments les plus clairs et plus beaux dont je me souviens.

Salutations à Avocat, Bruno, à la famille d'Youssouf Maoulana, Hadii Mradabi et à toutes les personnes qui ont contribué à rendre mon séjour agréable et belle.

Affectueusement,

José María Arias

---

1 Querido Alí: El tiempo pasa más rápido de lo que a veces imaginamos, y cuando miro hacia atrás, me vienen recuerdos imperecederos. Estoy muy feliz de haberte conocido y de haberme beneficiado de tu hospitalidad. Es agradable conocer las Comoras bajo la perspectiva de su gente caballerosa, no al estilo de Don Quijote, ese caballero andante de España, sino como un conocedor de las palabras con las que describen el carácter de tu tierra. Sé que ya no recibes estas noticias como antes. Primero fue por teléfono, ahora es a través de este libro. Pero debes saber que siempre te recuerdo con una agradable frescura. Deseo que la vida siga ofreciéndote lo que deseas, que encuentres el camino de la felicidad y que siempre sea el mejor camino. Este es un relato de los días lejanos en los que disfrutaba de un mundo diferente, en donde evoco los momentos más nítidos y bellos que recuerdo. Saludos a Avocat, Bruno, a la familia de Youssouf Maoulana, Hadii Mradabi y a todas las personas que contribuyeron a hacer mi estancia agradable y hermosa. Afectuosamente, José María Arias.

Prefacio

Una vez más, el joven escritor santanderino, José María Arias, nos regala el alma con sus escritos. En este caso, es su tercer libro, un libro de cuentos donde nos narra sus vivencias durante un viaje a las Islas Comoras, realizado en el año 2006, en el que se hospedó en casa de un amigo nativo de esas latitudes y en la que vivió como uno más de sus pobladores, durante varias semanas. Allí compartió sus comidas, su forma de vestir, de comer, de dormir y de volver a vivir hechos pasados sentados bajo el cristal convexo de un cielo lleno de estrellas mientras se los contaban unos a los otros, como lo hacían hace miles de años nuestros antepasados.

Esta compilación de cuentos es una vuelta a lo primigenio, al origen, a los anales de la humanidad, a través de sus narraciones nos descubre lo telúrico de unas islas que no son frecuentemente protagonistas en la literatura occidental.

Las mil y una noche negras de Arias recuerda las obras de Pasolini por sus protagonistas y escenarios, o aquellas historias llenas de sensualidad y develación de lo prístino que nos cuentan los hombres blancos en la historia de la literatura europea que han caído rendidos al olor y la calidez del África salvaje e indomable, aparentemente «inofensiva» a la vez que «magnéticamente» peligrosa. Tantos años de ollar su suelo no ha impedido que este continente aún se resista a entregar abiertamente todas sus entrañas, a develar sus más profundos misterios... a que lo comprendamos.

El autor nos acerca a una visión más humana y cercana de sus habitantes, a través de varias historias de individuos particulares, no sin proveernos con ello de ese halo de asombro que adquirimos ante lo incógnito de la esencia de las culturas y procederes de las gentes de esas tierras.

Al adentrarnos en sus historias, nos parece que volvemos a la niñez, cuando pedíamos una y otra vez que nos contaran de las princesas enamoradas de viajeros llegados de mundos lejanos, o de hechiceros que pronosticaban castigos terribles a las muchachas que rompían con lo establecido por las costumbres o por lo trazado por sus comunidades, o de pantagruélicas mesas a las que se sentaban los comensales invitados a las bodas reales; o cuando pedíamos que nos leyeran nuevamente las historias de *Las mil y una noches árabes* para viajar una vez más en las alfombras mágicas con Aladino, o para quedarnos encerrados en las cavernas subterráneas y profundas junto a Simbad el marino, tratando de escapar a toda costa de una injusta sentencia a muerte, dictada por las reglas consuetudinarias de una comunidad. Su manera vívida, llena de plasticidad, de contar lo experimentado y la magia de los lugares que nos devela en sus relatos, nos hace transportarnos a mundos mágicos y a un tiempo fuera del tiempo que nos suspende en una atmósfera de ensueño. Los datos que nos ofrece sobre esas realidades que comúnmente no están a nuestro alcance, venidos de alguien que las ha vivido en primera persona, nos recuerdan la riqueza cultural y la diversidad del planeta que habitamos y que, a pesar de las distancias y las diferencias, no se borra la esencia del ser humano, ni los puntos de contacto que compartimos todos los que caminamos por el globo terráqueo.

La pluma de José María da vida nuevamente a los habitantes de aquél lugar enclavado en el continente africano: de nuevo nos hablan sus amigos Chanfi y Alí, de nuevo entra por la puerta de la casa la imponente joven de los negrísimos cabellos chorreándole por el cuerpo turgente y tembloroso por la timidez, invadiendo con su olor a aceite de coco la habitación; y, nuevamente, la hermana de Sirkal torna a hablarnos de su amor, venido de más allá de las aguas del mar, haciéndonos evocar nuestra leyenda de Elsa y

Lohengrin, el caballero del cisne. De la oscuridad salen de pronto la suegra de Chanfi y el *moilimou* con sus premoniciones, sus sabias sentencias y remedios que delatan ancestrales conocimientos... de nuevo escuchamos el llamado a la oración del almuecín de Bangoua Kouni, la aldea comorense... y caminamos con el autor en una madrugada de reflexión por las calles vacías de este en *busca de solaz*.

Toda la poesía y el cuidado vocabulario, así como la original manera de contar de los dos libros anteriores, el de *Un oasis en América. Un viaje al interior de Bolivia* y el de poemas, *Fundus animae,* vuelven a envolvernos en estas historias de viajero inquieto y curioso, que no se limita a ver los lugares desde una distancia fría, como haría un turista de nuestros días, sino que se inserta en las realidades a las que revive, un poco en la tradición de los viajeros de los siglos XVIII y XIX, dándonos su visión e interpretación personal de las mismas y llevándonos con él a encontrarnos y fundirnos con las almas, tristezas, alegrías y recuerdos de las gentes y la naturaleza que va encontrando a su paso.

No faltan en este libro las citas literarias intertextuales y reflexiones filosóficas que denuncian la formación académica del autor, que nos enriquecen culturalmente y nos mueven a repensar nuestro encuentro con el vasto mundo que nos rodea, desde los hechos más cotidianos y aparentemente insignificantes hasta paisajes majestuosos donde montañas, mares y desiertos se nos abalanzan en pleno auge, pasando por el arte, la cultura, la música y la literatura que la humanidad ha ido dejando a su paso por la Tierra. Como en sus anteriores libros, José María nos lleva a un aparte en la gran obra que interpretamos —nuestras vidas—, nos saca por un momento de la vorágine cotidiana y nos lleva de la mano a caminar por un plano más espiritual, más íntimo y meditativo, como si vertiera un bálsamo curativo en nuestras modernas y atormentadas almas del siglo XXI.

También nos acerca más a otros seres con los que compartimos el Planeta y de los que, a veces, conocemos tan poco. Contándonos de sus costumbres, tradiciones y formas de vida, no sólo nos enriquece culturalmente, sino que nos acerca más armónicamente a esa creación de la que formamos parte; y nos hace más consciente de la importancia de todos los órganos o piezas de ese todo que llamamos Humanidad.

Un libro diferente y extraño en nuestra época, que definitivamente querremos tener en nuestra biblioteca. Un peculiar escritor que querremos que siga entregándonos nuevos libros y llevándonos en su valija de caminante descubridor del alma de lugares mágicos de nuestra Tierra.

María de los Ángeles Fernández

Profesora de español y Humanidades en Miami-Dade Public Schools, Estados Unidos

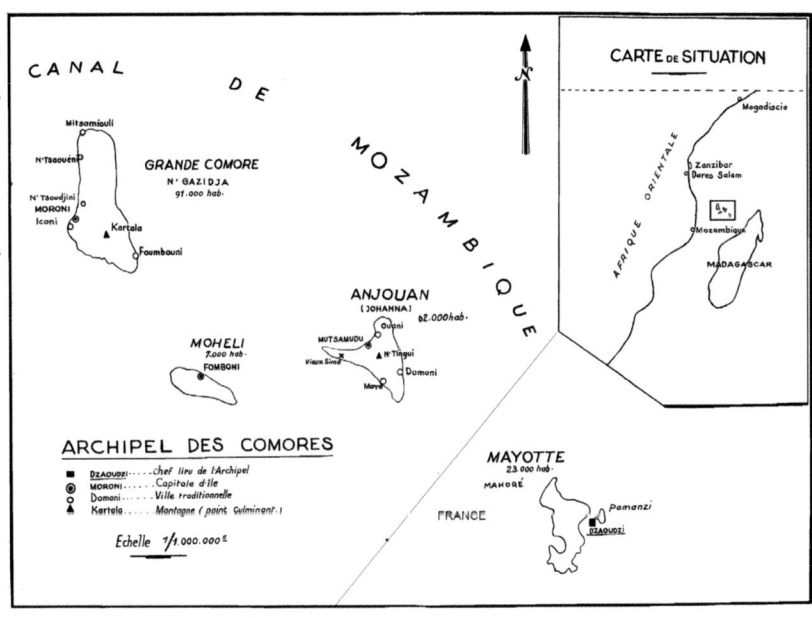

CANAL

DE

MOZAMBIQUE

CARTE DE SITUATION

Mogadiscio

AFRIQUE ORIENTALE

Zanzibar
Dares Salam

Mozambique

MADAGASCAR

Mitsamiouli

N'Tsaouéni

N'Tsoudjini
MORONI
Iconi

GRANDE COMORE
N° GAZIDJA
91.000 hab.

Kartala

Foumbouni

ANJOUAN
(JOHANNA)
62.000 hab.

Ouani

MOHELI
7.000 hab.
FOMBONI

MUTSAMUDU

Vieux Sima

N'Tingui

Domoni

Mava

ARCHIPEL DES COMORES

- ■ DZAOUDZI······chef lieu de l'Archipel
- ◉ MORONI······Capitale d'île
- ○ Domoni······Ville traditionnelle
- ▲ Kartala·····Montagne (point culminant)

Echelle 1/1.000.000ᵉ

MAYOTTE
23.000 hab.
MAHORÉ

FRANCE

Pamanzi

DZAOUDZI

Me enamoro de Bangoua Kouni

Faltaba cerca de una hora para el ocaso cuando al fin apareció a los lejos, en la penumbra más absoluta, el pueblo natal de mi amigo Chanfi: Bangoua Kouni. Sólo la luna plena iluminaba aquel poblado dormido a la orilla del mar. No se ve gente en las calles polvorientas. No se oye nada. El silencio es sobrecogedor. Las palmeras, enclavadas en la arena, se asoman alienadas a lo largo de la playa, muy cerca de la orilla, pero inclinadas por una suave brisa que las mece, semejantes a las que Colón vislumbró en la isla de Guanahaní. Y por encima de ellas la visión de un gran océano perfectamente en calma, donde las estrellas se reflejan gracias a la luna llena africana. Un dhow (*djahazi*) rezagado vuelve a la población guiado con mano firme, mientras que la misma brisa que cimbrea las palmeras, colma la enorme vela del atezado comorano, llegando a puerto seguro en la brumosa oscuridad. Esta imagen idílica, hizo que me enamorara de Bangoua Kouni.

Estoy instalado en la casa de mi amigo. Hemos llegado hasta aquí en un viejo Renault desde el aeropuerto, que nos llevó a través de una carretera asfaltada llena de agujeros. Durante varias horas hemos recorrido diferentes casas de familiares de Chanfi, donde nos han proporcionado pescado y plátano cocido y unas tortas de harina de maíz. Comemos primero los hombres, mientras que las mujeres se encuentran al otro lado de la habitación, tras una cortina. La primera casa donde he cenado (comiendo todo) es la de su tía, a la cual él llama su hermana, con el marido de ella y su tío,

Youssouf Maoulana, un hombre enjuto de unos 70 años y su jovencísima esposa. Luego sin que mi amigo me dijera nada, visitábamos otras casas de familiares, lo cual conllevaba que te brindaran comida cada vez que hacías una visita y se presuponía que debías aceptarla a manera de cortesía. Yo ya estaba lleno, pero tuve la deferencia de probar algo y agradecerlo en cada casa que visitamos. De modo que pasé el examen ante la hospitalidad comorana.

La vida del día en la aldea comienza con la primera llamada a la oración. La mañana había comenzado con un gran desayuno. La mesa del salón estaba llena de platos típicos, como por ejemplo: mandioca cocida, un plato de banana pequeña a la brasa, dos platos de trozos de pollo a la brasa, un plato con una tortilla, llamada *Mikate sinia*, con unos ingredientes llamativos: azúcar blanca, arroz molino y coco rallado con un poco de levadura. Para beber había té, agua, leche, y el *iliki* (cardamomo), una especia para perfumar el té. Sólo hay hombres sentados en la mesa. La familia más cercana da la bienvenida a Chanfi. Como amigo de él estoy a su izquierda en la mesa protocolaria. Me explica que se come con el amigo y con la mano derecha. No se utilizan los cubiertos y todo el mundo come de los mismos platos. A mí me han puesto aparte un plato de comida, pero decido actuar como ellos. Mi mano derecha se entremezcla con las otras manos bajo la aprobación de los presentes, y en especial de mi amigo. Durante el desayuno conozco a Alí, un hombre honesto de alma y que me demostrará a lo largo de mi estancia que también es un báculo donde apoyarse. Fue un fiel amigo y consejero, pues su sabiduría siempre iba acompañada de la capacidad de escuchar. Una persona escucha o no; la persona que escucha deja fluir la corriente y la persona que no escucha la retiene. Así era Alí: un conocedor innato del alma humana. Decía cosas como que la biografía de las personas se ve sujeta a un tiempo histórico respecto a un destino común en el que todas las partes están interrelacionadas de tal modo que las buenas obras son, fundamentalmente, buen ejemplo y motivo de pacificación, y las malas obras, mal ejemplo y causa de sufrimiento. Si la voluntad para la historia y en la creación es buena, el resultado ha de ser, inevitablemente, bueno, y hacer el bien será adecuarse a esta voluntad, y adecuarse a esta voluntad será hacer el bien. En este sentido, —seguía diciendo— hacer el bien en el mundo implica, también, hacer el bien en el plano de la Historia, en el cual adquiere un carácter de misión, no por el bien de la Historia, sino por el bien de los seres y personas en Ellas implicados. Entonces, yo le replicaba diciendo que: lo santo y lo justo es la palabra clave para los hombres en el mundo y para los hombres en su expresión histórica. De hecho, de lo santo y justo venimos, conforme a lo santo y justo donde estamos, y a lo santo y justo nos dirigimos. La permisividad para cualquier desvío es relativa sólo hasta el momento final. Por ende, Dios conoce pasado, presente y futuro, a la vez que nos ha dado libre arbitrio y lo respeta hasta el día que seremos llamados y se nos juzgará según nuestras obras el último día. Él me respondió escuetamente en árabe: *inshallah*. Tiempo después de mi marcha supe que se convirtió en *saya* o notable (jefe) de la comunidad de Bangoua Kouni. Los *saya* son gente muy importante y respetada. En este sentido, cada población tiene su saya. Pueden ser varios si la población es muy grande. Gracias a estos jefes locales, el gobierno tiene controlado el país.

Él fue quien me contó la historia de una antigua mezquita llamada de los milagros (*Mosquée Miraculeuse* o Chiounda del siglo XIII-XIV) que, según el Corán fue construida de manera milagrosa por los *madjini* o genios en una sola noche. Esta mezquita diminuta está enclavada en la costa, en medio del pueblo; también mirando al mar, y al lado de la mezquita, se encuentran unas majestuosas tumbas de piedra tallada de antiguos exploradores, que los habitantes del pueblo lo atribuyen a los portugueses. Como observamos, el relato está envuelto en un halo fantástico que nos llega hasta hoy; la tradición oral nos cuenta que en el lago salado o *Niamaoui*, situado a las afueras de Bangoua Kouni, a un viajero extranjero en olor de santidad se le negó la hospitalidad de los aldeanos. Luego, tras su partida, la tierra se abrió y se tragó al pueblo y a sus habitantes. Un enigma inexplicable hasta el día de hoy es que quienes arrojan piedras a este lago no escuchan ningún sonido a la caída de las mismas.

La noche cae en la población costera en al que ha nacido mi amigo Chanfi. Una voz en árabe llama a los musulmanes a rezar una vez más en la mezquita. Mientras tanto, observo mi primer atardecer en este lugar; la puesta de sol arde como fuego lento, hasta que sólo quedan las brasas rojas marcando una cicatriz a lo largo de todo el horizonte. Después llega la nada, la oscuridad o el nihilismo propio de la noche. Por unos instantes, todo queda envuelto en sombras. Pero esas estrellas que tardan en aparecer —como últimos rescoldos por consumir— presumen de su existencia efímera. Polvo blanco en el horizonte, como nieve finísima y perpetua en altas montañas. Así muere el pasado, cuando los recuerdos se desvanecen a lo largo del tiempo, pues siempre son vagos.

La superstición de Kokoi Faysoil

La historia que a continuación voy a relatar requiere la explicación previa de otro ritual ancestral, que es realizado por un musulmán creyente y practicante al que se le denomina el *moilimou*.[2] Este personaje ha sido fundamental —en otro tiempo— en las bodas tradicionales, como confidente y consejero, aunque también desempeña el papel de sanador (mediante oraciones), astrólogo (por ejemplo, eligiendo el nombre que traerá buena suerte al recién nacido) o mago (lanzando hechizos auspiciosos o perjudiciales) para el pueblo lego. El *moilimou* es el nexo entre el mundo sagrado, religioso y «oficial» del islam, y el mundo sagrado y «arcaico» —un vestigio de las creencias, ritos mágicos y religiosos[3]— de la herencia cultural africana. Como observamos, la religión nace al contacto de lo sagrado con una conciencia humana, como experiencia de la existencia de algo distinto irreductible a toda idea, imagen o conocimiento.

El 8 de julio de 2006, a los diez días de haber llegado a Bangoua Kouni caí enfermo, aunque más que una enfermedad lo que tuve fue una inca-

---

2   En dialecto comorano (*shingazidja*) hablado en la isla de *Ngazidja* o Gran Comora.
3   Las creencias y ritos mágicos y religiosos constituyen el campo de lo sagrado, diferenciado de lo profano o de la ciencia. Cuando están presentes el azar, el peligro y la mala suerte, cuando se producen fenómenos adversos e inexplicables, desastres e incertidumbres, surgen la magia y la religión, las cuales funcionan en momentos de fuertes emociones que amenazan al hombre como tragedias y crisis vitales, enfermedades, muerte y vida futura, momentos de angustia y desesperación, temor y ansiedad. Su función es, pues, avivar el optimismo, la confianza y la esperanza del hombre frente al miedo y el pesimismo.

pacidad física producida por una infección grave. Esta circunstancia me produjo una serie de forúnculos —de la cintura para abajo— de color rosáceo, que se extendían de manera ininterrumpida desde la ingle, los glúteos y las piernas, produciéndome una inflamación dolorosa, que me imposibilitaba ponerme en pie.

Ante la urgencia de los acontecimientos y el dolor —que cada día era más agudo—, mi amigo Chanfi me llevó en coche hasta el Hospital de Mitsamiouli. Era un sábado por la mañana y en el hospital reinaba el silencio trágico de la muerte... Antes de que me atendiera el médico, tuve que comprar una especie de cartilla barata llamada «Carnet de Santé» de tapas amarillas y hojas blancas sin rallar en la parte interior del mismo. En la cubierta principal de la cartilla, en la parte superior, lleva un proverbio que dice así: «Mieux Vaut prévenir que guérir.»

Ya en la consulta, el doctor me tomó la temperatura (37,5°) y la tensión (12/8), seguidamente exploró la inflamación durante unos breves minutos, diagnosticando que tenía leishmaniasis cutánea, que a su vez era producida por la leishmania trópica, también conocida como botón de Oriente. Tras el examen, me recetó antibióticos para cortar la infección, y que guardara cama, pues obviamente, no podía caminar. Así estuve diez días más, hasta el domingo 23 de julio de 2006. Este día pude levantarme de la cama y andar. Mas antes de que esto sucediera, durante mi convalecencia ocurrió una anécdota singular, que voy a intentar contar de manera circunstanciada, para lo cual va a ayudar la exposición preliminar.

La infección que había hecho quedarme postrado en la cama traspasó los muros de mi humilde cuarto, por lo que comenzaron a visitarme los amigos. En esta situación me encontraba cuando una mañana me dijo Chanfi que, su suegra, Kokoi Faysoil, llamada la *Manion*, le había dicho que mi enfermedad era debido a que me faltaba la compañía de una mujer, y que ella misma se encargaría de enviarme una joven para curar —decía— mi «problema». El problema que tiene es por falta de una mujer, le repitió. Las risas no tardaron en aparecer. Todos murmuran y sonreían, pues todos sabían que la castidad es dificilísima de mantener en el trópico.

Pocas horas después apareció la anciana en la casa trayendo a la mujer. Ella esperó sentada detrás de la cortina azul que separaba mi cuarto del salón, mientras la anciana «sabia» y supersticiosa, al verme, en efecto, afligido y postrado en la cama, quiso, primero, curarme espiritualmente. Para este fin había venido a curarme como los *oilimou*,[4] mediante una oración (*ṣalāt)* a la vez que quemaba un palito o varilla de sándalo haciendo círculos concéntricos alrededor de mí. Otras veces sacaba del bolsillo del delantal el Corán recitando la *fātiha* o primera sura para preservarme de futuras calamidades, terminando siempre con la expresión árabe *inshallah*. Entonces, como continuación del proceso de sanación, procedió a la segunda parte, que consistía en aliviar el sufrimiento físico, propiamente hablando, pensando, además, que de esta manera restablecería la salud de manera completa, o sea, psíquica y somáticamente. De esta manera, salió la *Manion* y entró la mujer —que no era ni joven ni guapa— ruborizada, mas por otra parte, dispuesta a devolver la salud al enfermo, acatando la voluntad de la anciana. En esto, yo yacía en la cama, quieto, sin poder moverme, mas tuve la suficiente serenidad y honestidad, sin herir sus sentimientos, de que lo último que necesitaba era su ayuda para reanimarme mediante la complacencia. Mientras ella me contemplaba con curiosidad, le di las gracias, y se fue.

Han pasado dieciocho años desde que me sucedió esta antropológica circunstancia en una isla perdida en el océano Índico, y no puedo dejar de pensar en la imagen fugaz de aquella mujer indígena de piel de color caoba, con sus negrísimos cabellos oliendo a aceite de coco, sueltos alrededor de sus hombros; dejando tras su marcha el aire de mi cuarto viciado del aroma de aquella fruta tropical. No es nada extraño su comportamiento, pues para la mujer comorana la sexualidad no es un tabú. Para ellas el sexo significa un complemento fisiológico a su razón de mujeres. Quizá la religión musulmana tenga algo que ver.

---

4 *Oilimou*, es el plural de *moilimou*.

El relato de Sirkal

Piensan que nosotros los negros no sabemos nada. Que somos insignificantes. Pero somos musulmanes y sabemos que nuestra religión se expandió por la península arábiga, llegando a Asia menor, por oriente, y por poniente, a través del norte de África, llegando incluso a la soleada España. Al-Ándalus nos perteneció. Sirkal dejó de hablar, no porque su relato llegara a su fin, sino porque con la pausa quería que me diera cuenta del significado de sus últimas palabras. Quería que supiera que un humilde africano de una isla desamparada y perdida en el océano Índico sabía historia.

Después de beber un vaso de agua continuó, pero no con el primer relato, sino que comenzó a contarme la historia de Salima. —¿Sabías que hace unos dieciocho años estuvo aquí un blanco que enamoró a Salima? —Empezó a decirme como si fuera la continuación del primer relato— Salima fue una mujer libre. Aquí, en esta isla, las mujeres que tienen un hijo sin casarse las llamamos «mujeres libres», ¿sabes lo que quiero decir? —Yo asentí.

—Salima fue una mujer joven y bella; su piel era del color del bronce, y sus ojos, que eran negros como el azabache, brillaban de tristeza desde su nacimiento. Además, era por naturaleza celosa, hasta tal punto que no permitía que otras mujeres se acercaran a los hombres que ella conquistaba. —De repente, hizo una pausa más larga de lo común, como si meditara qué palabras escoger y cómo manifestarlo, diciendo:

—Todo cambió con la llegada de aquel hombre blanco a Bangoua Kouni. Se conocieron la tercera noche de su llegada. Ella se presentó en su cuarto, esperándole al lado de la cama. Durante el tiempo en que estuvo el hombre blanco viviendo en el poblado, Salima iba a verle todos los días en la negrura de la noche, regresando a su hogar antes de la primera llamada a la oración. Es muy triste, amigo, la historia que te estoy contando, porque como le profetizó el *moilimou*, —al que fue a ver un poco antes de la llegada del hombre blanco, para que le predijera el futuro—: «Conocerás a un hombre de lejanas tierras y tras su marcha, perecerás en plena juventud». A pesar de la lapidaria advertencia del hechicero, ella y su familia no tuvieron en cuenta sus palabras, como si no fuera una verdad inexorable, pues, entre otras cosas, una parte importante del pueblo comorano —que considera hoy la figura del hechicero como alguien que trata de aprovecharse de la credulidad de las masas campesinas e iletradas— ya no cree en este tipo de actividades taumatúrgicas, sobre todo las gentes de las ciudades; aunque todavía goza de la confianza de bastantes familias en las zonas rurales, donde a veces adquiere un poder predominante. Salima era hija de esas influencias africanas y se crió con ellas, pero cuando uno llega a la juventud olvida muchas cosas. La juventud es osada en palabras y en hechos.

—Al llegar a este punto de la conversación me miró a los ojos y dijo—: ¿Quién no ha sido joven e imprudente? Se puso de pie y se quedó mirando el horizonte, pues en aquellos momentos el sol llegaba a su ocaso. Pasados unos minutos se volvió a sentar y continúo con el relato:

—Una semana antes de que el hombre blanco se marchara, Salima vino a verme en un brumoso amanecer para confiarme un secreto. No era otra cosa que su corazón. Ese corazón jubiloso, palpitante y lleno de ensueños, que había sido alcanzado y atravesado por la saeta del amor. Apareció con el cabello peinado hacia atrás y recogido con una goma, formando un moño. El color de su rostro era tan hermoso a pesar de la conmoción y tristeza que le afligía. Y en torno a la cintura llevaba, como siempre, un collar de cuentas de vidrio. Si bien, muchas cosas se vuelven borrosas en nuestra memoria a lo largo de los años, en este caso no puedo olvidar su nítida imagen. Esa madrugada me contó que intuía que iba a morir y que no le importaba, pues había conocido por labios del hombre blanco lo que su corazón pensaba. Cuando pronunciaba el nombre de él lo sentía en la garganta, aquí, —y me señalaba con los dedos pulgar e índice su cuello— como sentimos el agua caliente correr garganta abajo.

Salima me siguió hablando, recordando con gran vigor sus primeras horas con él. Me dijo que cuando lo vio por primera vez, sintió cómo las estrellas —que en aquellos momentos se veían a través del cristal de la ventana de aquel sencillo cuarto— caían en su corazón como la lluvia cuando empapa la tierra después de la estación cálida. Luego se le acercó en silencio pronunciando su nombre, mientras la llenaba de besos en los labios; besos que devolvió —creo que ella me dijo—aunque no estaba segura de lo que hacía o decía, porque ya estaba enamorada de él.

Cuando se marchó el hombre blanco, éste me regaló un diminuto espejo de viaje, que a mí me gustaba, pues de esa manera —me dijo— cuando me miro en él también le veo y eso me recuerda todas las noches que estuvimos juntos.

—Siempre pensó con cariño en él.

Ese día me hizo prometer que no se olvidara su nombre y su historia, mientras pudiera recordarla... Así que aquí estoy sentado contándote este relato para que lo mantengas vivo, para que las cosas de una muchacha africana enamorada sean leídas en aquella tierra de la que vienes, y de la que pudo también ser de la de ella.

—¿Cómo falleció Salima? —pregunté audazmente.

Su hermano me miró y agregó de forma compungida, mientras una ráfaga de viento mecía el sonido de sus primeras palabras: —una semana después de la marcha del hombre blanco, ella se sintió enferma de forma misteriosa; y con su nombre en los labios, murió en la madrugada de un caliginoso sábado en la más absoluta soledad, con la luna llena por testigo y el halo de las velas encendidas iluminándole el rictus en su pobre yacija. Que Dios bendiga su alma.

Aquella noche en la población costera de Bangoua Kouni el cielo se había cubierto de un manto lleno de estrellas relucientes y misteriosas, tras un atardecer enrojecido a fuego lento. Las palmeras comenzaron a mecerse a intervalos, mientras que la oscuridad aumentaba gradualmente. Entonces pensé que el misterio es como una especie de noche que pende sobre nuestra conciencia, pero se trata de una noche iluminada, una noche no totalmente cerrada, sino que, como esas noches de luna plena, muestra una especial luminosidad que atrae al sujeto humano hacia ella. El misterio es todo aquello que rebasa las capacidades de la razón pero que la fe acata; el misterio por excelencia es Dios, lo incomprensible propiamente hablando. Es así como me imagino que pereció Salima, en medio de esa «noche de luz» en que el misterio consiste.

La boda tradicional comorense

Muchas veces el viajero se halla ante rituales meramente simbólicos en situaciones cotidianas y del cual desconocemos su significado. Así, el *Grand-mariage* o gran boda (*ndola nkuu*) es ante todo un ritual, que es parte esencial de la singularidad comorana. Y como ritual tiene su simbología, en este caso religiosa, por lo cual hace hincapié en lo fundamental: las relaciones sociales y familiares, que contribuyen no sólo a realzar tal ritual de cara al pueblo y a los asistentes al mismo, sino que también contribuyen a dar a conocer el significado de tal fenómeno religioso dentro de un determinado contexto cultural. Este ritual, por tanto, es fundamental por su visibilidad (evidencia de su gloria mundana), su duración (tres días, aunque pueden durar hasta tres semanas), su riqueza material (para que todos puedan admirarla) y su simbología (lingüística, religiosa, estética).

Por tanto, el *Grand-mariage*, también llamada boda tradicional (*ndola ya kiâda*) es uno de los acontecimientos más importantes que uno puede vivir durante un viaje a la isla principal del archipiélago de las Comoras, Gran Comora. Este tipo de bodas presenta variaciones locales dentro de la misma, por lo que la descripción de este proceso ritual se circunscribe al norte de la isla, en la prefectura Mitsamiouli-Mboudé.

Así, podríamos decir que hay dos clases de boda según mi amigo Chanfi. Por una parte estaría la boda simple o boda en «petite maison» (*ndola ya mna daho*), que se representa con una moneda de oro equivalente a unos ochenta euros, la cual no conlleva una celebración tradicional. Luego estaría la boda rica o *Grand-mariage*. Para la realización de esta última el interesado y su clan familiar deberán reunir todos los medios económicos necesarios para sufragar los gastos, pues la preparación de este tipo de matrimonios suele durar un período largo de dos o tres años, a veces diez años o incluso más. Precisamente, este enlace nupcial puede costar entre los diez mil y veinte mil euros, pues conlleva, por una parte, los pagos de comida y gasolina que se hacen a los invitados, y, por otra, el intercambio de regalos entre familias y la presentación de la dote a la mujer. Ésta añade a la dote la vivienda (el padre de la novia ha construido la casa para su hija) donde cohabitará con su futuro marido, conservando la propiedad a lo largo del connubio, pase lo que pase. Esto quiere decir que, en el caso de que haya un divorcio, es el hombre el que tiene que salir del hogar conyugal. La mujer se quedaría con la casa y los hijos. Por eso, a pesar del dispendio que hace el novio en este tipo de bodas, el marido se ahorra la compra de una casa. La dote comorana, como observamos, es acertada porque tiende a promover la estabilidad del matrimonio.

La parte alegre de este tipo de bodas es el inicio de la fiesta, que empieza el día del enlace, y la gran procesión, que con música recorre la población donde se celebran los esponsales. Llegado el domingo, los invitados acompañan al novio a su futuro hogar donde la novia ya se encuentra con su madre. Una vez finalizada la celebración, los cónyuges pueden finalmente permanecer entre ellos, no teniendo la mujer derecho a salir de la casa nupcial durante dos días. Allí puede recibir a sus amigas, pero, durante estas visitas, el marido no debe mostrarse, sino espera escondido en una habitación vecina.

El *Grand-mariage* hace del novio un «hombre completo» (*hommes complets*),[5] honrado y admirado en su país. Si bien no confiere el mismo prestigio y el mismo peso social y religioso que una peregrinación a La Meca

---

5   Se denomina *hommes complets* a aquellos hombres que, por medio del matrimonio la esposa coadyuva a que su marido se le permita entrar en los círculos sociales de los hombres casados, convirtiéndole en un «adulto social».

(*ḥajj*), el *Grand-mariage* sigue siendo una forma poderosa (y religiosa) de promoción social. El hombre que haya podido realizarla tendrá, al igual que su familia, una posición social privilegiada y un rango en las asambleas y en la mezquita. Por consiguiente, es la recompensa a los esfuerzos que todo el clan familiar ha realizado durante largos años, logrando el objetivo después de haber costeado los numerosos servicios dictados por la costumbre. Costumbre, además, un tanto particular, a menudo poética, que contribuye una referencia antropológica a la Gran Comora.

Esta es una breve descripción de lo que recuerdo de una boda a la que asistí, gracias a la invitación que me hicieron al ser amigo de Chanfi, el cual me explicó muchos elementos de las costumbres que todavía, en el año 2006, se mantenían vivas en un país primitivo donde la miseria convive con la riqueza, donde la podredumbre se mezcla con la ostentación. Ya que en la casa en la que me quedé no había agua corriente; el agua para cocinar y bañarse había que sacarla de un pozo que está situado en el soportal; tampoco había retrete, sino un agujero en la parte posterior de la vivienda. La mayoría de la gente cocinaba todos los días a base de leña, pues tampoco tenían frigoríficos para almacenar y mantener los alimentos frescos. Incluso la luz eléctrica, para muchas familias, es algo desconocido. Sus habitantes viven principalmente de la agricultura, por lo que pueden comer todos los días, viviendo sin mayor dificultad el día a día. Aun así, recuerdo vivamente las palabras que me dijo un comensal comorano durante la pantagruélica comida después de la ceremonia nupcial: «Si no hubiese comida, tú no estarías sentado a la mesa, estarías muerto.» Esta frase la dijo con una sonrisa, desde un respeto infinito y con la hospitalidad que les caracteriza como única riqueza espiritual.

La oración en la mezquita

La noche cae en la población costera en la que ha nacido Chanfi. Son las seis de la tarde, el muecín (*aḏān*), a través de los altavoces, llama a los musulmanes a rezar una vez más a la mezquita. Mientras tanto, las nubes grises —que todavía se encuentran en el horizonte— son ennegrecidas por la caída lenta, pero precipitada de la noche. Al día siguiente es viernes, día de la oración comunitaria que se celebra en la mezquita del viernes (*mkiridjumwa*) de Bangoua Kouni. Chanfi me ha dicho que tengo que asistir a la oración del mediodía. Para ello me ha proporcionado la vestimenta: una túnica blanca e impoluta llamada *boubou*, y el gorro tradicional comorano llamado *kofia*. En ella se pueden observar versos del Corán o patrones geométricos, bordados en hilo dorado.

La religión practicada por toda la población de Comoras es la aplicación, según el rito chafeíta de la escuela sunita, de preceptos coránicos, complementados, o a veces debilitados, por antiguas costumbres o supersticiones. Según el Corán,[6] hay cinco principios o fundamentos en que se basa la religión

---

6   Se trata del libro revelado del islam, dictado por Alá a Mahoma, su profeta. La ciencia del comentario del Corán (*tafsir*) descansa tradicionalmente sobre los ajustes gramaticales y lexicográficos imprescindibles para comprender con precisión la significación de las palabras y expresiones conforme a la lengua que se hablaba en La Meca a comienzos del siglo VII. Toda la doctrina que manifiesta el islam está inserta en el texto, una doctrina que dictamina una forma-de-ver el mundo, una forma-de-ser el hombre. Se ha dicho, en este sentido, que el Libro expresa «algo, bastante más» que una religión: implica una forma política, un modo de estructuras: lo social, una cultural, una forma de vivir que engloba

musulmana. Por orden de importancia serían los siguientes: el primero, creencia en la existencia de Dios y de Mahoma,[7] que es su profeta; segundo, la realización de las cinco oraciones diarias;[8] tercero, la práctica de la limosna; cuarto, respeto por el Ramadán; y quinto, la realización de la peregrinación a La Meca.

Ha llegado la mañana del viernes. Hoy es el día de descanso de los musulmanes, día sagrado y oficial, en donde la oración, que se hace poco después del mediodía, es común y obligatoria para todos los hombres, es decir, para cualquier musulmán. Aunque no soy musulmán y a pesar del intento infructuoso de convertirme por parte de Hadii Mradbi —suegro de Chanfi— mi amigo me ha expresado sinceramente que vaya a la mezquita de todas maneras. Una forma de conocer la religión es integrándome en la comunidad local, —me dice—. El almuédano, como si tuviera una voz sonora de trompeta, llama a la oración por última vez desde el alminar. La

---

todos los múltiples detalles a ella vinculados. El Corán, por tanto, es el «vademécum» que tiene necesariamente que llevar consigo todo buen musulmán.

7   Mahoma fue un pastor beduino, un hombre del desierto que, llamado o inspirado por Alá, llevará a cabo una transformación radical de su pueblo, basada en la unión de las distintas tribus árabes para conformar un nuevo Estado, compacto, unitario, cuya cabeza será Alá, el delegado o profeta el propio Mahoma y el resto del cuerpo el pueblo. Mahoma hace, pues, desaparecer las diversas formas religiosas tribales para unificarlas en una sola fe, una sola sociedad, un solo cuerpo en el que lo religioso, lo moral y lo político conformen una unidad indisoluble. Por debajo de las diferencias étnicas, culturales y de las diversidades de índole geográfica, late una misma fe en la cual no hay distinción posible entre lo profano y lo sagrado (pues todo, en ella, ha quedado sacralizado de alguna forma), entre lo que es de Alá y lo que es del hombre. La fe islámica presidirá todos y cada uno de los actos de los musulmanes (término éste que precisamente significa «los que viven bajo el imperio de esa fe»), los cuales, y a pesar de los esfuerzos iniciales del profeta y de sus más inmediatos seguidores, muestran hoy diferencias insuperables que hacen que el movimiento islámico viva en el tiempo presente tensiones tremendas de las cuales el resto del mundo es, o puede ser, objeto directo de las mismas.

8   Hay cinco oraciones (*ṣalawāt*) de obligación absoluta que implican la salmodia o el canturreo de versos y la realización de gestos rituales (*rakha*): la oración del amanecer: *Fajr* o *Subh*, 2 *rakha*; la oración del mediodía: *Duhur*, 4 *rakha*; la oración de la tarde: *Asr*, 4 *rakha*; la oración del atardecer: *Maghrib*, 3 *rakha*; y la oración de la noche: *Isha*, 4 *rakha*.

palabra de Mahoma se escucha en árabe clásico. Los hombres, ya vestidos para la ocasión, nos descalzamos y entramos en la mezquita. Al ser un kafir, aunque sea cristiano, el imán, por intermediación de Chanfi, me permite orar con ellos. Por el peso social de Chanfi en la comunidad debería situarse en las primeras filas paralelas al muro que está orientado a La Meca (alquibla). Mas, por deferencia hacia su amigo y por no dejarme solo, nos ubicamos junto a la pared posterior, muy cerca de la puerta de entrada de la mezquita. Una ubicación menos significativa. Todos los hombres estamos postrados en las «alfombras de oración» con el propósito manifiesto de rezar. Así, mientras los hombres oramos en la mezquita, las mujeres lo hacen en sus respectivas casas en dirección a La Meca.

Desde el almimbar el imán dirige el culto a los creyentes. Los fieles musulmanes escuchan el sermón (*al-jutba*) que dirige el predicador en la oración de los viernes, levantándose e inclinándose, o postrándose, según el momento, imitándoles. Este trasunto, por ejemplo, es recurrente en la postración, es decir, cuando los hombres nos inclinamos hacia delante, colocando los codos de modo que toquen el suelo, a la vez que el vientre descansa sobre las rodillas. Esta acción se repite dos veces, recitándose hasta en tres ocasiones la fórmula: «Subhana Rabbiyal A'la», lo que significa: *Todas las glorias sean para Ti, Señor mío, el Altísimo*. Una vez llegados aquí, los fieles se sientan erguidos para escuchar el final de la plegaria, lo cual conlleva a la terminación del rezo ritual con otros movimientos del cuerpo, está vez de la cabeza, primero moviendo la cara al lado derecho, para después dirigirnos hacia el lado izquierdo. Cada vez que el piadoso musulmán gira la cabeza recita la salmodia: «As-salamu alaykum warahmatullah», que viene a significar: *Que la paz, la misericordia y las bendiciones de Alá estén con vosotros*.

Tras la terminación del rito, y una vez fuera, un adepto musulmán que había estado viviendo en Arabia Saudita, me increpa por infiel, amenazándome con el dedo índice. La situación es de confusión por momentos. El hombre se enzarza en una discusión con Chanfi y otros miembros de su familia, los cuales me defienden. Estos aducen que la única manera de integrarme en la comunidad es conociendo la religión (yendo a la mezquita) y esta cultura, viviendo entre ellos. Todo lo demás llegará a su tiempo. Aquél, sigue gritándome infiel mientras me sigue señalando con el dedo índice, pues él, como buen musulmán, se somete fielmente al orden de vida impuesto, descrito y prescrito en el Corán. Finalmente, después de unos minutos, el hombre se marcha sin causar más conflicto. Todos volvimos a nuestros respectivos hogares. Y a pesar de lo sucedido, volví todos los viernes a la mezquita mientras duró mi estancia en Bangoua Kouni.[9]

Este hecho me hizo recordar que, el término islam, de origen árabe, significa «sometimiento», «subordinación», en este caso, a la Palabra de Alá instituida en el Libro sagrado, el Corán. Por tanto, el islam es la suma de los fieles que, de por vida, siguen la Palabra de Dios sin salirse un renglón de la misma. El no-islámico es el infiel por antonomasia; el que posee «alma islámica» es el buen musulmán que día a día demuestra con su comportamiento su fidelidad al Libro en el cual el profeta, al dictado de Alá, dispuso ese «nuevo orden de vida» que es el islam. Yo, como no-musulmán, por excelencia, estaba rompiendo el mandato establecido de este movimiento religioso fundado por el profeta Mahoma.

---

9   Nunca he comprendido este fanatismo, el cual hay que entenderlo como una forma de radicalización —y exclusivización— de un culto determinado. Digo «exclusivización» porque el fundamentalista entiende que su cuerpo dogmático es exclusivo, único, mientras que los demás son falsos. El fundamentalismo promueve, pues, el fanatismo, una especie de obnuvilización de la mente por la cual ésta se enquista en unos determinados valores a los que se considera de un modo absoluto y exclusivo. Para mí, toda forma de fundamentalismo, y de fanatismo, implica una situación de profunda crisis dentro de esa fe religiosa, la cual, al no poder, digamos, rivalizar con otras fes, adopta, a falta de diálogo, esta actitud cerril y hostil en relación a todos los demás valores, religiones.

Moroni

Con el sol de la mañana salgo en el viejo Renault hacia Moroni, capital del archipiélago de las Comoras. Me acompaña Alí. Viajamos solos, lo que nos permite hablar de temas esotéricos y filosóficos. A veces pienso que él es el único hombre inteligente que he conocido en toda mi vida. La fenomenología siempre ha sido motivo de mi interés, y creo que si existe una fenomenología de la religión, por ejemplo, bien podría haber una fenomenología del viaje. Husserl dijo que la fenomenología trata de garantizar el carácter racional del sujeto humano, es decir, la subjetividad trascendental (el yo), descubrir en el ser humano un sentido trascendental que está más allá del ser humano empírico. Por encima de la realidad mundana se da una vida trascendental de la experiencia, que es la base y garantía de la racionalidad teórica y práctica. El ser humano se constituye como tal en la subjetividad trascendental. En suma, en el ser humano hay como si dijéramos «dos humanos» o un «doble humano»: el yo trascendental, referido al Hombre en cuanto universal, y el yo u hombre empírico, sometido a un conjunto de condicionamientos dados por el mero hecho de vivir dentro de un contexto físico y socio-cultural. Por tanto, la fenomenología trascendental de Husserl se abre, como es natural, a una reflexión antropológica. Mi interlocutor y yo hablamos de cómo fue precisamente ese plano o aspecto trascendental de mí el que se hizo más omnipresente en mí ser durante mi estancia en aquella acogedora y sugerente isla.

Mientras así reflexionábamos, nos acercamos a la capital. Una ciudad que encandila por su Gran Mezquita del Viernes del s. XIV y por sus característicos arcos a lo largo del paseo marítimo. Moroni, ciudad costera, es capital de este archipiélago situado en el océano Índico desde 1958 y constituye el asentamiento más grande de todas sus islas. A su derecha el puerto de Moroni el cual consiste en un pequeño muelle ubicado en una cala natural, pero que carece de esa protección para el transporte marítimo. Todavía se puede apreciar la descarga de los buques de carga anclados frente a Moroni, que se sigue realizando mediante dhows sin mástil.[10] Cada llegada de un barco trae conmoción: este puerto es la entrada y salida de la economía de Comoras, cuya actividad fundamental gira, al menos así era cuando yo lo visité, alrededor de la producción de plantas para la elaboración de perfume. No es de extrañar por tanto que a este archipiélago también se le llame las islas de los perfumes, pues sus principales exportaciones están relacionadas con especias (vainilla, canela, clavo) y plantas de perfumes, siendo la principal el Ylang-Ylang[11] y, en menor medida, esencia de jazmín y esencia de albahaca.

Según me dijo Alí, Alexander von Humboldt visitó, en 1883, la isla de Gran Comora, y —gracias a los conocimientos de botánica tropical que había adquirido en el Museo de Ciencias Naturales de Berlín durante sus misiones—, se propuso y llevó a cabo el cultivo a gran escala de plantas indígenas relacionadas con la industria del perfume y el desarrollo de otras especies, en particular la vainilla, el clavo, los cocoteros y el cacao.

A pesar de la presencia de oficinas con una arquitectura de estilo occidental, Moroni conserva hoy en día una apariencia árabe confusa y tradicional, quizá la misma que ofrecía la ciudad que fundaron los árabes en el lejano siglo X d. C.

Antes de adentrarnos en la ciudad vieja paseamos por el mercado Volo-Volo situado cerca de la *Grand Place*, un lugar de encuentro, anima-

---

10   El puerto de Moroni también es conocido como: *Port aux Boutres*. Es decir: puerto de los dhows.

11   Para los curiosos: se necesitan 50 kilogramos de flores de Ylang-Ylang para obtener un litro de perfume tras la destilación.

do y colorido. Venden allí maíz, yuca, batatas, plátanos, aguacates, piñas, cocos de producción local y algo de pescado seco. Las especias cultivadas localmente, como la vainilla, cilantro, el cardamomo y la nuez moscada, también ocupan un lugar destacado en el mercado. Después nos encaminamos hacia las ruinas de Iconi. Lo que me encuentro es soledad, un poco de misterio y encanto. Esta ciudad es la más antigua y fue la más importante en el siglo XIX. Fue destruida por los malgaches que prefirieron este punto de desembarco. La roca de Iconi (Ngu D'Iconi) tiene una leyenda, me dice Alí: desde lo alto del promontorio desde el que observamos, las mujeres de Iconi se arrojaron antes que sucumbir a los avances de los invasores. Otra historia contada por la tradición oral comorana cita a una joven de Bouni, en Oichili, que, abandonada por sus padres en su huida, tuvo un hijo de un marinero portugués que se aventuró en el pueblo. El hijo, que se llamaba Higne Hile (el hijo del mar), se convirtió en rey de Combani, en la isla de Mayotte. Seguimos caminando, ahora en dirección a la medina por callejones laberínticos. Sus callejuelas tienen un toque de misterio, fascinación y aislamiento. Un aire de la *belle époque* que refresca y te hace soñar. De repente, en nuestro caminar nos encontramos mujeres en una plaza pública, las cuales visten coloridos vestidos parecidos a saris llamados *shiromani*. Llevan sus rostros adornados con una pasta amarilla hecha de sándalo molino y de coral llamada *msinzano*. Según me dice Alí, la madera de tabàky es frotada sobre una piedra de coral y mezclada con agua para dar esta solución con la que las mujeres casadas (sólo ellas pueden llevarla) se cubren la cara cuando les conviene y que tiene la propiedad, agrega, de mantener la piel tersa. Una mascarilla de belleza natural, en cierto modo. En nuestro paseo hemos encontrado un antiguo café árabe en este lugar de ensueño. Entramos y pedimos un té aromatizado con cardamomo. En seguida, un hombre se acerca a mí y me pregunta si soy árabe; Alí le responde que soy español. Entonces, retomamos nuestras conversaciones cautivadoras y placenteras. Ya han pasado muchos años, y a veces los recuerdos se van desdibujando en la frágil y voluble memoria. Pero han revivido y tomado color recientemente, al leer los versos que me escribió una amiga. Estos simbolizan mi añoranza de estas tierras, tal como mi corazón las evoca:

A *Yemayá Olokun*[12]

Me miras desde el fondo del mar
ese que sueño y amo.
Antes me he preguntado qué significa ese sueño.
En el que tratas de arrastrarme al fondo.

Ahora lo intuyo,
ahora lo entiendo;
y me revuelvo, revelándome,
entre la espuma que me arrastra al abismo.

No dejaré que me arrastres,
ni que me sepultes en tus arenas de lo ondo;
aunque sí que de vez en cuando
me acaricies, meciéndome con tus manos
asalinadas
y que me cantes con destellos de tus anacaradas
caracolas que suenan a llanto de Alfonsina.

---

12   Es una deidad (*orisha*) que llevaron los negros esclavos a Cuba (y otras partes del Caribe). Ellos tienen una serie de «patakines» que son historias de deidades asociadas a fuerzas de la naturaleza, como todas las religiones animistas, donde los personajes se relacionan entre sí, reproduciendo las pasiones y rasgos de carácter de los humanos —como hacían los antiguos griegos, salvando las distancias—. En los patakines, este *orisha* es el dueño del mar y tiene varias representaciones —«Olokun» la de lo profundo del mar, la de las aguas superficiales, etcétera—.

El adiós de Alí

La primera vez que oí hablar de los baobabs fue leyendo *El principito*. Decía su autor que los baobabs son unos árboles grandes como iglesias. Yo creo que esa afirmación habría que matizarla diciendo que son grandes, pero como campanarios de una iglesia. Los baobabs no sólo están presentes en el planeta imaginado que creó el conde de Saint-Exupéry en su célebre libro ya mencionado, sino que es un árbol presente en el continente africano, Madagascar y las islas Comoras. Los señoriales baobabs que yo me encontraba siempre estaban enclavados en la tierra rocosa, a unos pasos de la playa y de la orilla del mar. Siempre dignos, con su corteza rugosa pero límpida, con sus ramas desnudas y rebeldes. A lo lejos, el océano esplendente. Más cerca de la playa de Sada emergen inclinados cocoteros, rectos árboles del pan; desde estos últimos se oye el sordo ulular de algún ave; desde los cocoteros, me llegan los silbidos agudos de algún otro pájaro pequeño. Al final de la tarde, se encuentran las canoas detenidas de los pescadores que los artesanos del lugar hacen del tronco de un solo árbol. Dentro de ellas observo las redes, que todavía son elaboradas con fibra de coco. Muchos de estos pescadores sueñan con pescar algún día el famoso celacanto, que los habitantes de estas islas llaman *Gombessa Djomole*: un pez extraño, mal adaptado y feo, considerado por algunos científicos como uno de los eslabones de la evolución de las especies, un intermediario entre los primeros peces que dieron origen a la vida y los animales terrestres. Pero por ahora sólo se conforman con la captura de algún pez vela. El museo Nacional de

Comoras, ubicado en Moroni, tiene restos fosilizados de estos animales *prehistóricos*, pues se cree que tiene 300 millones de años.

Los mismos artesanos que construyen las canoas de pescadores se dedican a construir pequeños dwons, puertas para viviendas y, sobre todo, son excelentes talladores de muebles de madera de Takamaka (caoba comorana); sin lugar a dudas es la especialidad más admirable en cuanto a mobiliario de madera, la cual se puede apreciar en las casas pudientes comoranas. La llamada a la oración vuelve a oírse desde unos altavoces ensordecedores. La aldea de mi amigo Chanfi se encuentra muy cerca. Camino hacia ella, dejando a un lado de la playa, la construcción de una embarcación entre pilotes. Entonces, no sé por qué, me viene a la mente la imagen bíblica del arca de Noé esperando el diluvio.

A la salida de la mezquita me encuentro con Alí y con algunos notables de la comunidad. Me saludan con el consabido «As-Salaam-Alaikum» (La paz sea contigo) y yo les respondo: «Wa-Alaikum-Salaam» (y sobre vosotros también sea la paz). Él se despide de ellos y nos marchamos caminando hacia su casa. Durante el recorrido me habla de la posición social que un hombre puede llegar a tener en la isla de Gran Comora. Hay cinco posiciones sociales —me dice Alí— antes de llegar a ser un día un *saya*, un notable de una comunidad. La primera sería la de *aprendizaje*; la segunda, *formación iniciativa*; la tercera, tendría ya ciertas responsabilidades, pues ya puede ejecutar órdenes y preparar las reuniones. La cuarta categoría le permite ayudar y organizar a aquellos que se encuentran en los dos primeros escalones; proyecta ideas, tanto en aquellas categorías que están por debajo de su rango como para la posición quinta. Esta última fase es la suprema. Tiene un rol importante porque ya puede hacer y deshacer cualquier idea que se haya proyectado con anterioridad. Asimismo, puede manifestar su opinión sobre cualquier persona en relación a su trabajo, si lo hace bien o mal, por ejemplo. Para llegar a esta posición tan elevada el hombre elegido tiene que estar casado y tener hijos. Este es un aspecto importante para alcanzar tal jefatura. Algunas de las funciones de los *sayas* tienen que ver con la pronunciación de discursos, dar la bienvenida a los extranjeros, además de trazar planes y arreglar los problemas de la aldea. Incluso contratiempos domésticos. También tienen derechos ceremoniales. Por tanto, los *sayas*, tienen que ser excelentes oradores y diplomáticos, sin olvidar la edad, que les otorga autoridad y disciplina, siendo respetada su palabra en la comunidad. Todo ello implica la dirección del poblado y muchos otros deberes y prerrogativas. Lo anterior me lleva a reflexionar sobre cómo sobreviven a los individuos las reglas y las organizaciones sociales, que se mantienen impertérritas por generaciones, marcando por siglos las vidas de aquellos, dictando sus formas de comportarse y de relacionarse. Son reglas y preceptos que parecieran inamovibles en el tiempo, inherentes a esas sociedades; como la comorana, la cual se muestra aparentemente inofensiva para los que la componen y magnéticamente cautivadora para sus observadores.

Ya hemos llegado a la casa de Papa Alwafa, la casa de Alí Moussa. Mañana es mi última noche en Bangoua Kouni. Esta noche será la última noche que podré hablar con Alí a solas. Hay hombres que a lo largo de su vida tienen una existencia transcendental, es decir, trascienden todo aquello que se halla «al otro lado del muro», más allá del horizonte o demarcación dentro de la cual se mueve habitualmente la razón de un ser común. En esos individuos el acceso a lo trascendental sólo tiene lugar a través de la fe. Ese parece ser el caso de Alí. A pesar de que nuestras creencias son diferentes, son convergentes. Quizá sea esta la razón por la que hay un entendimiento que nos permite compartir muchas cosas que nos parecen reales y en realidad son ficticias o insustanciales, y muchas cosas que nos parecen ficticias o imaginativas en realidad tengan base real y sustancial, y sean, por tanto, conforme a la verdad. Las semanas que viví en esta isla desconocida y absolutamente olvidada del mundo occidental fueron sorprendentes, románticas y solemnes. Pero nada de ello hubiera sido posible sin la mano amiga de Alí. Él estuvo desde el principio a mi lado, cuando me hacía de intérprete, cuando me acompañó en el viaje a

Mbéni para visitar la antigua mezquita, o nuestro viaje a Moroni, cuando caminábamos por la medina al atardecer mientras escuchaba atento y en silencio los problemas de su nuevo amigo; o cuando conversábamos sobre la existencia divina. También cuando me defendió, cuando me dijo que era mi amigo... cuando nos despedimos en el aeropuerto.

No volveré a las calles vacías de Bangoua Kouni, ni a experimentar aquella primera noche de felicidad aspirada en su atmósfera, ni a entrar por una ventana en la oscuridad de la noche frente al océano. No volveré a pasear nunca más por la playa de Chindini, ni volveré a pasar la noche en su *bungalow*, ni a oír las canciones de Kokoi Faysoil, ni a disfrutar de sus bailes extravagantes. Mis pies no volverán a la solitaria y kilométrica playa de Ndroudé con sus bosques de cocoteros. Tampoco volveré a sentir la brisa del crepúsculo en el horizonte frente al Índico.

Mi última noche en África

Dicen las tradiciones orales que, cuando llegaron los árabes shirazianos, tras las persecuciones sufridas en Persia, aparte de transformar la sociedad comorense de una jefatura tradicional Bantú a una organización en sultanatos, trajeron además la fantasía: el arte de contar cuentos. Así, Alí Babá, Aladino y Simbab llegaron del mar con esos árabes en la primera oleada que desembarcó en la costa de N'Tsoueni o Ntsaouéni, hoy una ciudad al norte de Moroni.

Después de seis semanas, mi última noche en África fue lo más parecido a *Las mil y una noches*, pues sentado en el pórtico de la casa de mi amigo Chanfi tuve que escuchar aquellos cuentos de un extravagante narrador; ya no eran esas historias que Sherezade contaba al sultán Shahriar para evitar *su* muerte, sino cuentos comorenses que hablaban de historias de la isla de *Ngazidja* (Gran Comora). Así, esa última noche tuve que contar una historia o vivencia en la que había participado en algunos de mis viajes. Fue ineludible. Tenía que devolver algo de todo lo que ellos me habían dado... Así es como conté el siguiente relato que había vivido años antes en Perú.

Esta es la narración de una fiesta familiar, tan antigua, remota y honorable, que se desconoce el origen de la misma. Hablo de la pachamanca, el plato típico peruano que se realiza en honor a la Pachamama. Aunque también se puede realizar en honor a un invitado.

La historia se remonta a la ciudad de Jauja, cuando Luis, mi amigo peruano, me contó sus recuerdos de infancia durante mi estancia en este país. Recuerdo que desde muy niño —empezó a decir de repente mientras viajábamos en coche hacia su ciudad natal— desde que los mozos, en el enorme corral de la casa de mis abuelos, empezaban la madrugada capando el chancho de turno, chanchando coca con llipta para contrarrestar el hielo de junio, y de paso, los escrúpulos por desollar las entrañas de la pobre bestia. Entonces era irremediable escuchar esos gritos de mazmorra del desgraciado animal, alaridos que cortaban mis dulces sueños de infancia y los sueños de mis hermanas. Así es como sabía que comenzaba la pachamanca. Era un fin de semana de fiesta, comida y unión familiar con las tradiciones del Perú, que la hacían divertida e inolvidable.

Primero eran mis abuelos y sus primos, los que comandaban aquella reunión. Luego, con el paso de los años y sin darme cuenta, quien los capitaneaba era mi padre, pero después de su partida, hubo un receso de 10 años.

Recuerdo que, la noche anterior, en la cocina, las mujeres se agolpaban con el afán de ayudar en lo que fuera, pues había demasiado trabajo en la cocina. Faltaban manos para hacer los mejunjes, para moler todas las hierbas aromáticas en el batán de piedra que estaba en el patio de la casa: el ají rabioso, el salvaje aroma del huacatay y el no menos fuerte aroma del chincho, al que se le añadía la sal y los ajos, para que no fuera muy aguachenta la mezcla. Entre tanto, otras mujeres desgranaban el maíz en el comedor.

En los rincones de aquella cocina, en el piso, yacían bateas de carne, de vaca, de chancho, el carnero troceado para los puristas y, por supuesto, la carne de los cuyes superpuestos boca arriba. Había una miríada de ellos, que parecían estar en posición de dormidos, mostrando sus enormes dientes de roedor andino y con los pechos abiertos, ya sin entrañas. Entonces se añadía aquel puré verde esmeralda de hierbas aromáticas, que previamente habían sido molidas en el batán, para que su maridaje fluyera entre las diversas carnes; las manos de las mujeres raspaban lo último que quedaba en el batán, y la cocina se llenaba de una atmosfera de olores muy penetrantes, conjuntamente con los de los humores de todas las carnes, en la que destacaba el huacatay, la pimienta recién molida y el comino.

Ese mismo día, algunos hombres salían con los más pequeños en la camioneta para cumplir a cabalidad la pachamanca: Recoger piedras del río Yacus. Las más planas y las más grandes se iban tirando en la parte posterior de la camioneta. Y así, junto con cuatro gruesos maderos de eucalipto húmedo, se las dejaba al pie del futuro hoyo, donde al día siguiente se escarbaría con picos, palas y una enorme barreta el hueco de la pachamanca.

Las noches previas a la pachamanca es lo que más recuerdo de mi ya lejana niñez: La familia venía predispuesta a colaborar... los hombres, con ojos chispeantes, tomando cerveza, pisco o chicha de jora. Las mujeres, conversando entre ellas, lo hacían todo, pues no querían que sus maridos les ayudaran, aunque aquellos daban lo mejor de sí para cualquier tarea para la que se les necesitase. Una vez que todo estaba preparado se dejaba reposar la carne para el día siguiente.

Muy pronto por la mañana, los hombres preparaban la pirca, donde había que superponer las piedras (esas que habíamos traído del río), unas al lado de las otras se iban colocando haciendo círculos, de mayor a menor, como si fuera una especie de iglú, y debajo del hueco, que se había hecho en la tierra, donde iría más tarde la comida. Luego se introducían por debajo los troncos de eucalipto, los que empezaban a arder a la temperatura del mismo infierno, por dos horas justas. A partir de ese momento exactamente era cuando empezaba a arder la pirca. Mientras eso ocurría, un cazo de agua con sal reposaba a un costado del «horno»; cuando las piedras empezaran a crujir, se ordenaba a alguien que salpicase con la mano todas las piedras con esa agüita de sal para que no se reventasen.

Una vez terminada la primera parte de la pachamanca, los hombres mayores de la familia empezaban de nuevo a beber cerveza, pisco o chicha de jora, mientras que unos músicos contratados por mi abuelo, tocaban parados el arpa y el violín, agitando sus dedos enloquecidos contra las cuerdas en un lugar inadvertido pero cerca de todos nosotros. De esta manera, huaynos alegres y mulizas tristes salían de las cuerdas de ambos instrumentos mientras los más viejos y guapos —esos que saben bailar y arrancar aplausos— sacaban a bailar a sus respectivas mujeres. Unos con su arte transmitían ese nervio, estilo y sentimiento, animando la fiesta, los otros con su baile y con sus rostros casi embravecidos por el alcohol, la jarana recién empezaba. Todos eran más habladores, más desinhibidos y algo sensuales; todos llegaban casi al furor menos el arpista y el violinista, que tocaban ahora en automático después de la botella de pisco que mi abuelo les había hecho tomar.

Entretanto, las piedras siguen con su proceso de tomar calor, aumentando cada vez a más grados de temperatura, mientras que las mujeres ya han colocado sobre las mesas las bateas de maíz fresco, las que previamente se sacaron de sus corontas. Seguidamente, los hombres empiezan a triturar el maíz con la moledora que es de tiempos del bisabuelo. Entonces, cada hombre tiene su turno. Cada uno tiene su estilo en mover la pesada manivela de la moledora. Así, el maíz va saliendo mitad puré y mitad jugo. Simultáneamente, las piedras de la pirca comienzan a tronar, entonces es la hora de apurar el paso y echar de nuevo agüita con sal para que aguanten y no revienten. De esta suerte, poco a poco el maíz se acaba y toda esa pulpa yace ahora en una artesa. Inmediatamente se va mezclando con manteca, azúcar, pasas, nueces, clavo y canela molida... La mezcla ya ha cogido la consistencia suficiente para ir envolviéndolas con las hojas de maíz. Ahora, ya convertidas en humitas crudas, se apilan una a una para luego echarlas a la pachamanca.

Ha llegado la hora en que la pachamanca está lista, porque las piedras empiezan a despertar y crujir como castañuelas, y ni el agua con sal las contiene. Entonces, mi abuelo se ajusta los guantes de asbesto de color negro, especiales para quitar las piedras ardientes. Después de sacar cinco piedras y echarlas a la lámina de latón, le toca el turno a otro familiar haciendo la misma operación, pues el calor es abrasador, apremiante e insoportable. Al costado estaban las mujeres con las fuentes de comida esperando el momento.

Cuando el hueco de la pachamanca está limpio de piedras, se forra con una hierba llamada huamalaca. Encima de esa hierba protectora, se echan las papas, los camotes, y sobre las caras planas de las piedras, se tiran las carnes, que trepidan por el vapor que inmediatamente empiezan a desprenderse, y los deliciosos cuyes envueltos en hojas de col —para que no se desbaraten—. El calor es asfixiante, pero las mujeres sin aspavientos y serenas, colocan hasta la última tanda de toda esa plétora de comida.

Una vez colocado todo y antes de cerrar la olla andina, la huamalaca cubre de nuevo toda la comida. Luego se avienta alfalfa, y encima se tiende un lienzo de tela, que se refuerza con una manga de plástico, para, finalmente, cubrirlo de tierra, aquella que se sacó cuando se hizo el hoyo. Todos los hombres han trabajado en ello, tapando velozmente con las palas las fugas de vapor, hasta que todo queda como un montículo de tierra. Nadie creería que debajo de aquella loma de tierra hay piedras, carnes, legumbres, tubérculos o pastelillos, que se están cociendo a presión porque el vapor ya no tiene por donde escapar. Ahora ya sólo queda que el invitado, para quien se hizo la pachamanca, coloque una cruz adornada con flores hacia la mitad del montículo. Cuando ya se ha hecho, todo ha llegado a su fin.

Todos bailan alegres, todos siguen riendo felices. El resto viene al abrir la tierra después de una hora. Todo está cocido, los vapores de difuminan y el olor nos seduce. Todo regresa a las bateas de donde vinieron y mi abuela empieza a repartir entre una sonrisa noble, que da paz y gracia, la comida. Cada plato se sirve generosamente: un pedazo de carne de vaca, uno de cordero, una de chancho, una ración de humitas, muchas habas, los cuyes intactos con la piel dorada, las papas con la piel resquebrajada... Todos sentados en silencio comen, están satisfechos, incluso el arpista y el violinista. Esto es la pachamanca, la comida andina por excelencia, la historia de mi familia por antonomasia.

Soy consciente de que todos esos recuerdos —me dice después de hablar por una hora— no volverán. Son sólo sueños de un niño que grita y llora por el tiempo que ha pasado desde entonces. Pero que de alguna manera nos sirven para recordar que hemos vivido, que hemos sido felices, y que la esperanza está en ese límpido cielo azul de una mañana de junio.

Todos se han ido a dormir, han escuchado la historia en silencio, quizá sin comprenderla, pero es la historia de cada hombre, de cada uno de nosotros. Pues yo también, ahora que estoy terminando de escribirla, siento pena, nostalgia de aquellos atardeceres en África, en donde sentado en una silla de enea contemplaba cómo la luz desparecía, dejando un nuevo cielo, negro, pero lleno de millones de lucecitas que surgían cada noche al otro lado del Universo. Entonces, la luz eléctrica se encendía en algunas de las viviendas, a lo lejos. En otras se apreciaba una luz tenue: lámparas «Petromax» o velas importadas de China, de mala calidad. La llamada a la oración no se hacía esperar. Antaño eran las caracolas, ahora son los altavoces. Ningún blanco en aquel poblado. Ningún hombre andando sus estrechos y apesadumbrados callejones. Sólo yo merodeaba entre calles oscuras y sin nombre, en busca de solaz.

Fotografías

Amanecer en la playa de Chindini en Gran Comora, Islas Comoras, 2006.

José María Arias

Atardecer en la playa de Chindini en Gran Comora, Islas Comoras, 2006.

Playa del agujero del profeta en Gran Comora, Islas Comoras, 2006.

José María Arias

Frente a la playa de Galawa en Gran Comora, Islas Comoras, 2006.

La kilométrica playa de Ndroudé y sus bosques de cocoteros en Gran Comora, Islas Comoras, 2006.

José María Arias

La playa de Sada en Bangoua Kouni, Gran Comora, Islas Comoras, 2006.

Noroeste de la isla de Gran Comora. Al fondo el océano Índico, Islas Comoras, 2006.

Bungalow en la playa de Chindini en Gran Comora, Islas Comoras, 2006.

Antigua puerta de la plaza de Bangoua Kouni, Gran Comora, Islas Comoras, 2006.

José María Arias

Vivienda típica de Bangoua Kouni, Gran Comora, Islas Comoras, 2006.

Las tumbas de Bangoua Kouni, Gran Comora, Islas Comoras, 2006.

La antigua mezquita de Moroni, S. XIV, en Gran Comora, Islas Comoras, 2006.

Dhown sin mastil abandonado en el puerto de Moroni en Gran Comora, Islas Comoras, 2006.

José María Arias

Ngu D´lconi en Moroni en Gran Comora, Islas Comoras, 2006.

Kokoi Faysoil en su casa de Bangoua Kouni, Gran Comora, Islas Comoras, 2006.

Kokoi Faysol en el patio de su casa con el rostro adornado con una pasta amarillenta hecha de sándalo molido y coral llamada msinzano, Bangoua Kouni, Gran Comora, Islas Comoras, 2006.

Alí Moussa en Mbéni, Gran Comora, Islas Comoras, 2006.

José María Arias

Chanfi Ahadama dispuesto a ir a rezar a la mezquita de Bangoua Kouni, Gran Comora, Islas Comoras, 2006.

Índice